LA PESTE NERA

Europa decimata nel XIV secolo

50MINUTES.com

LA PESTE NERA

Europa decimata nel XIV secolo

scritto da Jonathan Duhoux
tradotto par Sara Rossi

LA PESTE NERA

- **Quando è successo?** Dal 1347 al 1352.

- **Dove?** In tutta Europa.

- **Vittime?** Tra i 20 e i 35 milioni di morti in Occidente.

- **Implicazioni?**

    - Declino demografico.

    - Crisi economiche.

    - Sconvolgimento culturale.

    - Un nuovo rapporto con la morte.

La peste nera, o Grande Peste, che colpì tutta l'Europa nel XV secolo, fu la più grande epidemia che l'Europa avesse mai visto. Ciò si è aggiunto a un contesto già difficile per l'Occidente: i disordini politici, le carestie e le guerre erano comuni all'epoca. L'Europa, già indebolita, perse un terzo della sua popolazione a causa della pandemia nel giro di cinque anni. La portata e le conseguenze di una simile catastrofe sono difficili da immaginare: interi villaggi scomparvero, l'economia fu danneggiata, gli stranieri erano trattati con sospetto e la paura attanagliava quotidianamente la gente. Fraintesa, la peste è stata equiparata a una punizione divina o a un avvelenamento dell'aria. Nella disperazione, la gente cercava i colpevoli, il che portò al massacro di ebrei, lebbrosi e altri emarginati. Ma non ci si poteva fare nulla: la morte, personificata dalla figura del tristo mietitore, continuava a prendere indistintamente le anime di ricchi e poveri, nobili e contadini, giusti e colpevoli.

Sebbene la peste nera fosse scomparsa nel 1352, l'epidemia si ripresentò in Europa in modo più episodico, ogni otto-dieci anni, fino al XVIII secolo. Il batterio responsabile della malattia (*Yersinia pestis*) fu scoperto solo alla fine del XIX secolo e solo nel secolo successivo, con l'invenzione degli antibiotici, fu trovato un rimedio efficace per combatterla. La violenza dell'epidemia nel XIX secolo ha lasciato un'impronta indelebile nella mente delle persone, e gli studi vengono condotti ancora oggi. La peste rimane una grave minaccia per l'uman tà.

CONTESTO

DALLA PROSPERITÀ ALLA FATALITÀ

Nel XIII secolo l'Occidente era in piena espansione: il commercio europeo stava vivendo un periodo di grande prosperità e i raccolti erano ricchi grazie al clima spesso favorevole. Le fiere nelle Fiandre e nella Champagne godevano di una popolarità senza precedenti. Tutti i mercanti occidentali vi si incontravano per commerciare, scambiare merci o semplicemente per stabilire nuovi contatti. Bruges divenne il centro di tutte le nazioni commerciali. In Italia, le città di Venezia e Genova dominavano l'intero commercio mediterraneo. Dopo il 1270 si poterono stabilire legami con la Cina e l'India, che stavano vivendo anch'esse un periodo di pace. I drappi, i metalli e i vini occidentali venivano scambiati con sete, cotone e spezie orientali.

Questa espansione commerciale è stata favorita anche dal progresso tecnico e dal costante miglioramento dei trasporti. Le navi erano più veloci e potevano trasportare più merci; le vie d'acqua erano mantenute meglio e furono costruite nuove strade attraverso le Alpi. Le distanze sembravano più brevi e gli scambi commerciali aumentavano.

INNOVAZIONI TECNICHE

Le tecniche navali si svilupparono nel XIII secolo, migliorando notevolmente l'efficienza del commercio fluviale e marittimo. La bussola facilitava l'orientamento delle navi. L'astrolabio, un piccolo strumento astronomico, era molto utile per leggere le stelle di notte. Infine, il timone di poppa, fissato alla poppa delle navi da un sistema di cerniere, permetteva di controllare meglio la direzione delle navi.

Ma l'inizio del XV secolo rallentò e poi ruppe questo slancio. Come un preludio alla fine del mordo, numerose calamità si abbatterono sull'Occidente, come se i quattro cavalieri dell'apocalisse si fossero riuniti lì per lasciare guerre, rivolte, carestie ed epidemie nella loro scia. Si moltiplicarono i disordini politici, in particolare tra Francia e Inghilterra (guerra dei Cento Anni, 1337-1453) e le varie lotte di potere in Italia. Un clima meno favorevole all'agricoltura portò a carestie e scarsità di cibo in tutta Europa. Inoltre, il vaiolo e la peste si diffusero a una velocità spaventosa.

LO SAPEVATE?

Una carestia significa che una popolazione è a corto di cibo, ma in modo meno drammatico rispetto a una carestia. Le carestie erano molto comuni nel Medioevo: i contadini di solito soffrivano la fame. Le carestie, invece, erano più insolite, ma si verificavano comunque regolarmente durante questo periodo.

LA FAME, UN PROBLEMA CLIMATICO

La carestia era una delle tante malattie comuni del Medioevo. Le cronache la citano alla fine del XIII secolo e a intermittenza per tutto il XIX secolo e l'inizio del XX secolo. Simboleggiata dal terzo dei cavalieri dell'apocalisse, la fame colpì l'immaginazione del tempo con terribili immagini soprannaturali.

Eppure, le cause erao relativamente semplici: l'agricoltura era fragile e molto sensibile agli incidenti climatici. Troppa pioggia, un inverno un po' troppo lungo o un'estate un po' troppo secca, e le conseguenze divenivano disastrose per i raccolti, soprattutto perché all'epoca le capacità di memorizzazione erano basse. Inoltre, le guerre hanno avuto un grave impatto sull'agricoltura, non solo per la mobilitazione degli uomini – che non lavoravano più nei campi – ma anche per la distruzione che hanno causato.

Le città costiere, soprattutto lungo il Mediterraneo o il Mar Baltico, furono meno colpite dalle carestie perché godevano di un clima più mite. Le ricche città-stato italiane, come Venezia e Genova, non ne risentirono relativamente: erano più facili da rifornire e in genere investivano i fondi necessari per garantire le forniture, anche a costo di indebitarsi.

Nel 1280, l'aumento del prezzo del grano fu il primo segnale d'allarme: la produzione diminuì. La situazione si complicò a partire dagli anni '10 del XIII secolo, periodo segnato da un duraturo calo delle temperature in Occidente. Questo periodo fu poi conosciuto come la

Piccola Era Glaciale. Gli inverni durarono più a lungo e le estati furono particolarmente piovose, una combinazione che ebbe un impatto negativo sui raccolti. Molte carestie, diffuse su vaste aree geografiche, furono il risultato di queste cattive condizioni. Tuttavia, nonostante i numerosi decessi, la popolazione si riprese abbastanza rapidamente. La carestia di per sé non portò a un vero e proprio declino demografico, ma i danni che provocò non vanno presi alla leggera: unita ad altre carestie, provocò una vera e propria depressione economica e un declino generale.

La peste nera è stata talvolta vista come la naturale conseguenza di questo squilibrio globale. Sebbene questa interpretazione malthusiana possa sembrare attraente, è ormai superata.

 **LO SAPEVATE?**

L'interpretazione malthusiana, che prende il nome da Thomas Malthus (1766-1834), compare nel suo *Saggio sul principio della popolazione*, scritto nel 1798 In esso il vescovo anglicano spiega che ogni popolazione ha un limite naturale, fissato dalle risorse disponibili. Una volta raggiunto il limite, la popolazione viene "regolata" da catastrofi come guerre, carestie o epidemie.

Nel XIII secolo la popolazione occidentale aveva già raggiunto i suoi limiti. Con il disboscamento, i contadini avevano trasformato tutta la terra fertile in campi. La popolazione aveva quindi raggiunto il massimo in termini di colture cerealicole disponibili. Tuttavia, la popolazione rimase stabile fino alla metà del XV secolo. La peste nera non è quindi comparsa nel momento in cui la popolazione ha raggiunto una soglia critica, come un giudizio divino destinato a regolare la demografia. Ma è vero che questa pandemia si è verificata in un contesto già difficile, che ha indubbiamente contribuito alla portata della sua devastazione.

FREQUENTI DISORDINI POLITICI

Gli scontri politici erano numerosi nel XV secolo. Sarebbe inutile cercare di elencare tutte le guerre private che ebbero luogo nel corso del Medioevo, i cui motivi erano generalmente i più banali: la vendetta in risposta a un'ingiustizia, il desiderio di espandere il proprio territorio o semplicemente di vendicarsi di un attacco alla propria autostima.

Questo secolo è stato caratterizzato anche da un maggior numero di conflitti globali. L'Italia intera era in preda a disordini politici, economici e sociali. Ma il conflitto più famoso fu la Guerra dei Cento Anni, iniziata un decennio prima dell'epidemia di peste. Mise l'uno contro l'altro i regni di Francia e Inghilterra in una serie di scontri che lasciarono un segno indelebile in Europa. Sebbene le cause di questa guerra siano state molteplici, due elementi in particolare spiccano. In primo luogo, il re d'Inghilterra era vassallo del re di Francia per i territori che possedeva sul continente e la monarchia inglese voleva liberarsi da questi obblighi.

Il secondo motivo è legato a un problema di successione. Quando i tre figli del re francese Filippo il Bello (1268-1314) morirono senza eredi, il loro cugino Filippo di Valois (1293-1350) fu incoronato re. Ma il nipote Edoardo (1239-1307), già re d'Inghilterra, contestò questa decisione. Questi ultimi aprirono le ostilità nel 1337, attaccando il continente, poi mandarono in fondo al mare la flotta francese nella battaglia di L'Écluse (1340). Durante la peste nera, gli inglesi dominarono i combattimenti, finc a controllare un buon terzo della Francia nel 1360. Nel 1422 fu istituita una monarchia anglo-francese. Solo cor l'intervento di Giovanna d'Arco (1412-1431) i francesi riconquistarono il loro territorio, ad eccezione di Ca ais (1453).

Sarebbe più corretto chiamare questa lotta "Guerre dei Cento Anni", poiché non si trattò di un enorme conflitto in cui innumerevoli truppe armate si scontrarono quotidianamente. È più corretto pensare a una serie di scontri che hanno attraversato un secolo, tutti legati dall'aspro risentimento dei due regni. Con l'eccezione di alcune grandi battaglie, le vittime degli scontri furono poche e i combattenti relativamente pochi.

Nel frattempo, uomini d'arme e mercenari attraversavano il paese in tutte le direzioni, devastanco raccolti e villaggi. In tempi di tregua, la situazione era ancora peggiore. I soldati, che non ricevevano più la paga, vivevano sulle spalle degli abitanti. Saccheggiavano gli abitanti dei villaggi, li torturavano e si stabilivano persino nei castelli abbandonati dai signori catturati. Tuttavia, se c'era violenza, era molto raro che l'anarchia prendesse piede in una regione. I signori che si difendevano, in genere, mantenevano l'ordine nelle loro terre. Purtroppo, questi movimenti di truppe, sia che praticassero la guerra o il brigantaggio, facilitavano la diffusione di epidemie.

LA PESTE NERA

UN FLAGELLO DALL'ASIA

I cronisti medievali parlano di un "male che diffonde terrore" proveniente dall'India o dalla Cina, il che è confermato dalle ricerche attuali (citato da Balard Michel, "Les semeurs de peste", in *L'Histoire*, n° 262, febbraio 2002, p. 18). La peste apparve in Cina già nel 1331 e si diffuse in ogni angolo dell'impero fino al 1393. Ha decimato un terzo della popolazione cinese, cioè più di 35 milioni di abitanti. Le epidemie di peste si diffusero quindi inesorabilmente in tutto il continente, man mano che le persone si spostavano lungo le rotte commerciali. Nel 1338, la peste raggiunse l'Asia centrale, prima di colpire la gloriosa città di Samarcanda, nell'attuale Uzbekistan. La malattia si diffuse nei khanati (principati) mongoli e raggiunse il Mar Nero nel 1346, alle porte dell'Europa.

 **LO SAPEVATE?**

La parola "peste", dal latino *pestis* ("epidemia, pestilenza"), comparve solo nel XIX secolo. I cronisti medievali usavano invece i termini "pestilenza", "avvelenamento" o "mortalità". Inoltre, il termine "Morte Nera' non è usato per riferirsi al colore dei cadaveri o dei bubboni, poiché non è vero. Piuttosto, l'aggettivo è usato per sottolineare la natura particolarmente oscura, tetra e spaventosa dell'epidemia.

La regione era costellata di stazioni commerciali genovesi e veneziane, che all'epoca erano in conflitto con gli eserciti mongoli. In seguito a dispute commerciali e a rivolte tra cristiani e musulmani, il khan (sovrano) Djanibeg (morto nel 1357) decise di espellere gli occidentali dalla regione. Nel 1344 assediò la stazione commerciale genovese di Kaffa, in Crimea, ma un grande esercito di soccorso italiano lo costrinse a ritirarsi. Due anni dopo, l'esercito mongolo tornò alla carica, ma questa volta fu decimato da un'epidemia di peste. Tenuto in scacco, indebolito da migliaia di morti, il khan decise di catapultare i cadaveri infetti oltre le mura. Gli assediati si affrettarono a ributtare i morti in mare, ma era già troppo tardi: la peste si stava diffondendo all'interno delle mura. Si tratta del primo caso di attacco biologico della storia.

Tuttavia, diversi storici mettono in dubbio l'autenticità di questo aneddoto riportato da un cronista dell'epoca, Gabriele de Mussi (1280-1356). È certo che la popolazione di Kaffa fu decimata da un'epidemia in quel periodo, ma potrebbe essere stata trasmessa dai ratti che attraversavano le fortificazioni. Ma qualunque sia la vera causa, Kaffa era un'importante stazione commerciale per l'Europa, con un intenso traffico marittimo. Di conseguenza, le navi genovesi devono aver lasciato il porto per tornare in Europa al momento dell'incidente, portando nelle loro stive la peste nera che avrebbe devastato l'Occidente per i secoli a venire.

UNA RAPIDA DIFFUSIONE

Dalla città di Kaffa, la peste si diffuse con le navi. Arrivò per la prima volta a Pera, una stazione commerciale genovese non lontana da Costantinopoli, nell'estate del 1347. L'epidemia si diffuse poi lungo il Mar Nero, in Grecia, nelle isole dell'Egeo, a Cipro, a Creta e in Egitto. Ogni città colpita era un nuovo centro che diffondeva l'infezione in tutte le direzioni.

Alla fine del 1347 le navi genovesi raggiunsero Marsiglia. La peste fu particolarmente violenta in quel luogo. In alcune strade, tutti gli abitanti morirono nel giro di poche settimane. Da questa città crocevia, l'epidemia si diffuse molto rapidamente: nel nord della Spagna, in Corsica, in Provenza, in Sardegna e nell'Italia settentrionale. La malattia raggiunse Avignone, dove il Papa si trovava dal 1309. Nel 1348 furono decimati sei cardinali e 93 membri della corte papale.

La peste circolava più rapidamente lungo le principal vie di comunicazione e durante l'estate, quando il traffico era più intenso. Per un triste scherzo del destino, la fitta e veloce rete commerciale che sostenne lo sviluppo dell'Occidente nel XIII secolo accelerò le devastazioni della malattia nel secolo successivo.

Nel 1348 tutta la Francia fu colpita da epidemie che si diffusero lungo i fiumi Rodano, Saona, Senna e Reno. Nello stesso anno, i Paesi Bassi riportarono i primi casi di peste a Gand e Bruxelles. Da lì l'epidemia attraversò la Manica e decimò l'Inghilterra, dove Londra pagò un prezzo altissimo. Seguendo il Reno, invase la Germania e la Svizzera. L'estremo nord dell'Europa non fu risparmiato: nel 1349 e nel 1350 la malattia colpì la Norvegia e la Svezia, prima di diffondersi in Scozia, Islanda e Groenlandia. Nel 1351 l'epidemia devastò la Russia, portando con sé il Granduca di Mosca e il Patriarca supremo della Chiesa ortodossa. La peste si diresse poi verso la Crimea, il suo punto di origine, prima di estinguersi spontaneamente. L'epidemia era diventata una pandemia.

Alcune aree furono stranamente risparmiate. Se questo può essere facilmente spiegato per alcune città isolate nelle montagne, è più difficile per alcune regioni dell'attuale Belgio (Hainaut e Limburgo), che riportano un tasso di infezione più basso che altrove, pur essendo centri di comunicazione. Ma questa situazione fu solo temporanea: tra il 1360 e il 1363 vi scoppiò la peste.

Non tutte le città furono ugualmente colpite dalla peste. Una città come Venezia fu letteralmente decimata. Tra il 1347 e il 1349 contò circa 90.000 vittime, pari al 60% della popolazione. Questa situazione è ancora più sorprendente se si considera che la città ha adottato misure molto rapide per combattere la malattia. Venezia era distribuita su una serie di isole, una posizione strategica che le permetteva di controllare abbastanza facilmente il movimento di merci e persone. Le navi furono costrette ad ancorarsi al largo per 40 giorni prima di poter entrare nel porto. I morti vennero sepolti su isole isolate a una profondità di almeno 1,5 metri, ma non migliorava nulla. Nonostante le misure appropriate, Venezia ebbe uno dei tassi di mortalità più alti dell'Occidente.

Al contrario, una città come Milano stava perdendo "solo" il 15% della sua popolazione, su un totale di 100.000 abitanti. È vero che l'oligarchia al potere in questa città aveva i mezzi per imporre misure eccezionali. Le famiglie contaminate erano murate nelle loro case e alimentate a distanza con un sistema di cestini scorrevoli, ma questo non spiegava l'enorme differenza di mortalità con Venezia, che pure aveva adottato misure per limitare la diffusione della malattia.

A Londra le cifre erano in linea con il tasso di mortalità medio europeo: morirono tra il 20 e il 50% di persone su una popolazione di 50.000 persone, ma la portata del disastro fu comunque significativa. Nell'estate del 1348, 290 abitanti morivano ogni giorno. I cadaveri dovevano essere evacuati il più rapidamente possibile per evitare il rischio di infezioni. Con 12 ore di luce in questa stagione, ciò significa che in media si verificava una sepoltura ogni due minuti e mezzo.

Solo una testa coronata soccorse contro la malattia: Alfonso XI di Castiglia (1311-1350), durante l'assedio di Gibilterra. I potenti furono relativamente risparmiati rispetto ai poveri. I poveri pagarono il prezzo più alto, poiché erano ammassati nei bassifondi delle città. Sebbene la peste colpisse più spesso le aree urbane, le campagne non furono risparmiate: non va dimenticato che all'epoca il 90% della popolazione era rurale.

Alcune categorie di persone furono più colpite di altre. Questo valse per i medici, i chirurghi e i becchini, che furono i primi a lavorare sui malati e sui morti. Fu anche il caso dei notai, che redigevano i testamenti, o dei sacerdoti, che erano continuamente chiamati a dare l'estrema unzione. L'esempio di Perpignan è piuttosto rivelatore: la città perse il 50% della sua popolazione, compreso il 60% dei suoi avvocati e notai, e fino al 75% del suo clero regolare. Solo due medici su otto sopravvissero all'epidemia.

La carenza di uomini di Dio era particolarmente problematica in una società così religiosa. In Inghilterra, più del 40% del clero scomparve, tanto che il vescovo di Bath e Wells scrisse nel 1349: "Annunciate a tutti che, se stanno per morire, possono confessarsi l'uno con l'altro e persino con una donna" (citato in Naphy (William) e Spicer (Andrew), *The Black Death. 1345-1730*, Parigi, Autrement, 2005, p. 29). La partecipazione delle donne ai sacramenti era già stata concessa in passato in casi di emergenza, ma tale misura rimaneva particolarmente eccezionale. Questo dimostra chiaramente l'entità del disastro nelle file del clero e la paura di partire per l'aldilà senza essersi prima confessati.

UN MALE ANTICO

Alla ricerca di risposte alla peste nera, alcuni scienziati medievali guardano negli archivi del passato, perché la peste non è nata nel XV secolo: si pensa che sia comparsa in Asia centrale più di 20.000 anni fa. Tuttavia, le fonti antiche che ne attestano l'esistenza sono poche e spesso molto vaghe. Così, nel 430 a.C., Tucidide (storico greco, 460 a.C. ca.-395 a.C. ca.) parla di una "pestilenza" che colpì Atene, che a prima vista potrebbe essere associata alla peste, ma gli studi attuali indicano piuttosto un'epidemia di febbre tifoidea. In ogni caso, le fonti non sono abbastanza chiare per confermare con certezza che si trattasse della peste.

D'altra parte, sotto l'imperatore bizantino Giustiniano I (482-565), recenti scavi archeologici confermano la presenza del bacillo della peste. Si tratta della prima pandemia, probabilmente originatasi in Egitto, che ha devastato l'intero bacino del Mediterraneo tra il 541 e il 767. I meccanismi di propagazione erano gli stessi della peste nera: la malattia si diffondeva da un porto all'altro e poi lungo le rotte commerciali. Da Alessandria, la peste raggiunse Costantinopoli, si diffuse nei porti del Mediterraneo e risalì i fiumi Rodano e Reno fino a Treviri. Quando il vescovo Gregorio di Tours (538-594) visitò Clermont-Ferrand, una città colpita dall'epidemia, riferì: "Poiché le bare e le tavole scarseggiavano, dieci o più corpi venivano sepolti nella stessa tomba... Una certa domenica, nella Basilica di San Pietro, si contarono ben 300 corpi" (citato da Barry Stéphane, "La Peste noire", in *L'Histoire*, n° 310, giugno 2006, p. 42). L'Impero bizantino perse probabilmente un quarto della sua popolazione in quel periodo e la sua economia era in rovina.

UNA RISPOSTA MODERNA

Oggi sappiamo che la peste deriva da un batterio, la *Yersinia pestis*, scoperto solo nel 1894 da Alexandre Yersin (batteriologo francese, 1863-1943). Durante la pandemia asiatica della fine del XIX secolo, Yersin analizzò le bolle dei cadaveri colpiti dalla peste a Hong

Kong per isolare il batterio. Quattro anni dopo, Paul-Louis Simond (1858-1947) scoprì in India che le pulci erano il vettore della malattia. La spiegazione della peste nera era finalmente a portata di mano.

La peste si diffuse inizialmente tra i ratti. I ratti evitavano il contatto con gli esseri umani, ma prosperavano comunque nei bassifondi del Medioevo, lontani dalla vista. Quando i roditori furono decimati dal bacillo della peste, le pulci portatrici della malattia si rivolsero al primo corpo caldo che riuscirono a raggiungere: gli esseri umani. Quando la concentrazione di *Yersinia pestis* diventa troppo alta nel tratto digestivo della pulce, questa sputa il sangue invece di prenderlo dall'ospite. L'ospite viene quindi infettato e, dopo un periodo di incubazione di circa sei giorni, sviluppa una febbre alta. Il paziente è soggetto a convulsioni, nausea e allucinazioni. I linfonodi si ingrossano e formano bolle molto dolorose, che alla fine scoppiano. La maggior parte dei decessi è dovuta a emorragie interne o attacchi cardiaci.

 ## LO SAPEVATE?

Esistono tre tipi principali di peste: bubbonica, polmonare e setticemica. La peste bubbonica, il tipo più comune, è trasmessa direttamente da una pulce che trasporta il batterio **Yersinia pestis**. Nel giro di pochi giorni, uno o più linfonodi crescono fino a raggiungere le dimensioni di una noce o di un uovo: sono i bubo. Un paziente su quattro sopravvive a questo tipo di peste.

La peste pneumonica è sempre mortale. Si sviluppa in due modi: o il bacillo infesta i polmoni dopo la forma bubbonica, oppure un individuo sano viene infettato direttamente da un paziente con una forma polmonare. Le persone infette sono altamente contagiose e possono trasmettere la malattia semplicemente respirandola. La diffusione estremamente rapida della peste nera nel XV secolo suggerisce che la forma polmonare è probabilmente comune.

La peste setticemica, possibile evoluzione delle altre due forme, si verifica quando i batteri sono presenti nel sangue. Sempre mortale, la peste setticemica è spesso devastante e causa la morte in poche ore.

Va notato che molti ricercatori dubitano ancora che l'epidemia che decimò l'Europa tra il 1347 e il 1352 sia stata causata dal bacillo della peste. I loro sospetti si basano sul fatto che i cronisti medievali non menzionano un'epidemia di ratti. Inoltre, molti si chiedono ancora come la peste nera, anche nella sua forma polmonare, abbia potuto diffondersi così rapidamente. Molte domande rimangono senza risposta. Forse la Morte Nera fu in realtà causata da una malattia infettiva come l'antrace, che rende il sangue delle vittime completamente nero, o da una febbre emorragica virale come l'ebola. La maggior parte dei ricercatori, tuttavia, ritiene che vi siano prove sufficienti a suggerire che la malattia sia stata causata dal batterio *Yersinia pestis*.

IMPATTI

COMBATTERE UN MALE INCOMPRESO

Senza l'aiuto della biologia e della medicina moderna, l'uomo medievale doveva trovare le proprie soluzioni. La maggior parte di loro, piuttosto che combatterlo, decise di fuggire da questo male incompreso, il che purtroppo accelerava la diffusione della malattia. Boccaccio (scrittore italiano, 1313-1475) racconta nel suo *Decameron* la storia di un gruppo di fiorentini che vanno in esilio per sfuggire alla peste. Attraverso una serie di racconti, l'autore spiega l'importanza della filosofia epicurea di fronte alla peste nera: poiché la morte può colpire in qualsiasi momento, molti cadono nella lussuria e nel piacere immediato.

La risposta della Chiesa fu radicalmente diversa: una malattia così orribile poteva essere solo una punizione divina. L'ira dell'Onnipotente doveva quindi essere placata attraverso preghiere, penitenze e segni di umiltà. Così, a Rouen furono vietati i giochi e gli insulti per facilitare il perdono. Tuttavia, era difficile trovare dei santi a cui rivolgersi, poiché la precedente pandemia si era verificata nell'antichità. Così molti cristiani pregavano la Vergine Maria, riferendosi al fatto che in alcune rappresentazioni ella fermò le piogge di frecce con il suo mantello, come per spezzare una piaga caduta dal cielo. In seguito, il popolo si rivolse a San Rocco, che si diceva avesse guarito gli appestati. Purtroppo, alcune manifestazioni di pietà accelerarono ancora la diffusione della malattia: era il caso delle processioni o dei pellegrinaggi, per esempio.

Agli estremi, alcuni sostenevano la purificazione attraverso il dolore. Per placare l'ira di Dio, martirizzano i propri corpi, come i flagellanti, una setta presente soprattutto in Germania. Le processioni di questi torturatori apparvero in alcune città: formavano un cerchio intorno a una chiesa e iniziavano il loro rituale cantando. Il *Chronicon Henrici* de Hervordia (storico domenicano, 1300-1370 circa) descrive l'operazione: "Ciascuna frusta consisteva in un bastone con tre lacci annodati all'estremità, trafitti al centro da due punte metalliche affilate come rasoi, che sporgevano da entrambi i lati, formando una croce [...]. Con queste fruste pugnalavano i loro corpi nudi fino a renderli una massa di carne [...] che gocciolava di sangue e schizzava sui muri" (citato in Naphy William e Spicer Andrew, *The Black Death. 1345-1730*, p. 39). Questi movimenti furono duramente condannati dalla Chiesa e dalle autorità pubbliche. Tutti gli assembramenti di folle erano visti molto negativamente all'epoca, e i flagellanti finirono per scomparire come la peste, brutalmente.

I grandi specialisti adottarono un approccio più medico alla malattia. Già nel 1348 furono scritti numerosi trattati sull'argomento. Ma i rimedi erano spesso inefficaci, molto costosi e persino pericolosi. L'incisione dei bubboni, ad esempio, era estremamente dolorosa e spesso portava alla morte del paziente. D'altra parte, sebbene il contagio fosse ancora un fenomeno piuttosto vago, la gente capì rapidamente il meccanismo e quindi evitò ogni contatto con gli infetti e i loro beni.

Nelle città, i leader politici avevano la vaga sensazione che i problemi di igiene favorissero le malattie. All'inizio vietarono la sporcizia nelle strade e facevano portare i rifiuti fuori dalle mura. Poi si legiferò sui mestieri considerati "sporchi" e "puzzolenti": furono colpiti macellai, pescivendoli e conciatori. Inoltre, tutti i beni degli appestati venivano rapidamente "decontaminati" con il fuoco.

Se queste misure non erano sufficienti, nella mentalità dell'epoca significava che la contaminazione era di natura spirituale. La gente si rivolgeva allora a capri espiatori, a coloro che considerava responsabili della contaminazione morale: ebrei, musulmani, prostitute, mendicanti, lebbrosi, vagabondi, stranieri o persino poveri. I primi a essere colpiti furono gli ebrei, spesso considerati ancora responsabili della morte di Cristo. Papa Clemente VI (1291-1352) cercò di sostenerli con una bolla del luglio 1348, ma i suoi effetti rimasero limitati: pochi mesi dopo, a Strasburgo, 900 ebrei furono bruciati prima che la peste scoppiasse in città.

LA PESTE, UN EVENTO "COMUNE".

Nel 1352, la peste scomparve con la stessa rapidità con cui era iniziata. Aveva provocato milioni di morti. Papa Clemente VI stimò che tra il 1347 e il 1352 morirono 24 milioni di persone su una popolazione di 75 milioni, un terzo dell'Occidente. Se si considerano le dimensioni

odierne, ciò significherebbe 160 milioni di morti nell'-
Unione Europea nell'arco di cinque anni. Secondo
alcune stime attuali, la perdita può raggiungere il 50%.
La popolazione inglese sarebbe addirittura scesa da 7
milioni a 2 milioni nel 1400, con un calo demografico di
quasi il 70%. Tuttavia, a causa della mancanza di fonti
precise, è impossibile contare il numero esatto delle
vittime. Le conseguenze materiali e psicologiche di una
simile catastrofe sono comunque spaventose.

L'economia medievale venne radicalmente stravolta. I
prezzi dei prodotti agricoli salirono alle stelle. I mestieri
scomparvero completamente in diverse città. Il commercio subì un rallentamento o addirittura un arresto in
alcune regioni. Le città ricevettero meno tasse perché i
loro contribuenti morivano a centinaia, mentre i costi
per affrontare la peste aumentavano. Il disordine generale facilitò il brigantaggio e la criminalità. Le guerre
continuarono, portando a un aumento delle tasse, che
causò rivolte. Poiché solo metà della popolazione soprav-
visse all'epidemia, la terra e la ricchezza vennervo ridi-
stribuite e concentrate. E questa è solo una rapida
panoramica di alcune delle conseguenze economiche.

La peste non scomparve definitivamente. Al contrario,
ritornò con regolarità ogni otto-dieci anni, prendendo la
sua parte di cadaveri prima di scomparire di nuovo. La
peste nera diventò naturale e inevitabile come le guerre
o il ritmo delle stagioni. L'ambiente urbano, molto più
colpito della campagna, dovette adattarsi a questa nuova
minaccia. Contrariamente all'Oriente, che si era dimo-
strato arretrato e che aveva subìto la peste come una

punizione individuale voluta da Dio, l'Occidente aveva cercato di reagire. Il miglioramento dell'igiene, la persecuzione degli emarginati e la pratica della quarantena furono applicati con vari gradi di successo in tutta Europa. Tuttavia, l'obiettivo non era generalmente quello di trovare una cura per la malattia, ma piuttosto di contenerla nel miglior modo possibile, in modo che le società non scendessero nell'anarchia.

LA MORTE, VIOLENTA E IMPERSONALE

Nell'Alto Medioevo la morte era vista come un processo naturale e pacifico che faceva parte dell'ordine delle cose. Una persona morente era accompagnata da tutta la sua famiglia, che la sosteneva in questa prova. L'estrema unzione veniva impartita dal parroco, che assicurava una vita migliore nell'aldilà. Ma con la peste nera, l'intero concetto venne stravolto. La pestilenza colpiva a caso, sradicando completamente alcune famiglie, persino alcuni villaggi. Il passaggio all'aldilà non era più tranquillo e sereno quando i corpi delle vittime della peste si contorcevano nel dolore sotto gli occhi di tutti. Le famiglie non si sostenevano più a vicenda, perché quando uno di loro era infetto, gli altri scappavano per evitare il contagio. I cadaveri cadevano a centinaia ogni giorno, le tombe pubbliche traboccavano e l'estrema unzione era difficile da fornire.

L'arte del XV secolo, quando il tema della danse macabre fece la sua comparsa in Europa, illustra questa onnipresenza della morte. Numerosi dipinti mostrano scheletri e mummie che trascinano i vivi in una farandola infernale. È in questo periodo che compare anche l'immagine del mietitore: la morte che prende i vivi a centinaia, mietendo i vivi come se non fossero altro che pula.

L'IMPATTO SI FA SENTIRE ANCORA OGGI

Un trauma di questa portata ha lasciato tracce ancora oggi visibili. Nel linguaggio quotidiano, ad esempio, espressioni come "fuggire come la peste", "diffondersi come la peste" o "scegliere tra la peste e il colera" rimangono piuttosto rivelatrici.

La paura di una nuova pandemia rimane radicata nell'immaginario collettivo. I film sugli zombie ne sono un perfetto esempio nella cultura popolare. Ma ci sono anche minacce più concrete, come gli allarmi per l'antrace e l'ebola che continuano a comparire nei notiziari. Queste epidemie ci ricordano che una nuova "morte nera" può devastare un continente.

D'altra parte, l'invenzione degli antibiotici ha permesso di combattere efficacemente la peste. Nel 1930 comparvero i sulfamidici, seguiti dalla streptomicina nel 1944, quest'ultima rimasta il miglior rimedio fino ad oggi. Tuttavia, il bacillo della peste può essere resistente e il rimedio deve essere somministrato molto presto dopo l'infezione per avere qualche possibilità di successo. D'altra parte, nonostante questi pochi progressi scientifici, non esiste ancora un vaccino che protegga dalla peste, il che ha almeno la conseguenza positiva di rendere difficile l'uso della peste come arma biologica: è pericolosa per gli aggressori quanto per le vittime.

La malattia persiste attualmente in alcune parti del mondo, in particolare nei paesi poveri e insalubri dove permangono roditori infetti. Il Kurdistan è un esempio tipico, ma vengono regolarmente segnalati casi in Africa centrale e orientale, Vietnam, India, Cina, Brasile e persino negli Stati Uniti. Una nuova pandemia di peste è ancora possibile oggi. Nel 1994, l'India è stata colpita da un'epidemia iniziata a Surat, nella parte occidentale del Paese. Sebbene la malattia abbia fatto solo un centinaio di vittime, ha rivelato alcune carenze: la lentezza della risposta del governo, le organizzazioni umanitarie poco reattive, l'opinione pubblica internazionale che si è limitata a decretare il blocco delle merci e i movimenti di panico che hanno facilitato la diffusione del bacillo. La peste rimane una minaccia da non prendere alla leggera.

IN SINTESI

- La peste è un flagello che colpisce l'umanità da 20.000 anni. La prima pandemia colpì il bacino del Mediterraneo in epoca giustinianea, nel 54·, e rimase attiva fino al 767. L'Impero bizantino perse un quarto della sua popolazione e la sua economia fu rovinata. Poi la peste si estinse naturalmente, senza alcun motivo apparente.

- La peste nera ricomparve in India o in Cina nel XV secolo. Si diffuse rapidamente in tutta l'Asia. I mongoli potrebbero averla usata come arma da guerra a Kaffa, catapultando i cadaveri pieni di peste sulla stazione commerciale genovese. Infettata, la città diffuse la malattia in Occidente attraverso le sue navi commerciali.

- Dal 1347 al 1352 la peste si diffuse in tutta Europa. Dal Mediterraneo (Grecia, Italia, Spagna, Francia meridionale), la malattia si diffuse lungo i porti e le vie di comunicazione. Il fenomeno ha devastato l'intera Francia, i Paesi Bassi, l'Inghilterra e la Germania, raggiungendo anche la Groenlandia e la Russia. Sebbene la malattia si fosse estinta naturalmente nel 1352, è ricomparsa ogni otto-dieci anni fino al XVIII secolo.

- Il flagello colpì in un contesto già difficile. All'epoca c'erano molti problemi politici, economici e sociali. Francia e Inghilterra si contendevano il territorio: la Guerra dei Cento Anni. All'inizio del secolo ci furono anche molte carestie a causa del freddo.

- Oggi si crede che la peste sia una punizione inviata da Dio. In realtà si tratta di un batterio, *Yersinia pestis*, che viene diffuso dalle pulci. Le pulci si rifugiano dapprima nei ratti che infestano i bassifondi delle città medievali. Una volta decimate le popolazioni di roditori, le pulci infettano gli esseri umani. Ma questa spiegazione è stata trovata solo alla fine del XIX secolo.

- Di fronte a un male che non capiva, l'uomo medievale aveva diversi tipi di reazioni. Poteva sprofondare nella dissolutezza o fuggire. Spesso si rivolgeva alla religione, sperando che la sua pietà placasse l'ira divina. All'estremo, poteva diventare un flagellante, martirizzando il proprio corpo per ottenere il perdono. E, se questo non bastava, cercava capri espiatori che considerava responsabili della contaminazione: ebrei, prostitute, stranieri o poveri furono i primi a essere colpiti.

- Le conseguenze furono numerose. Con il calo demografico, l'economia si riformò: concentrazione di terre e ricchezze, scomparsa di alcuni mestieri, interruzione del commercio, ecc. Anche il rapporto con la morte si modificò: non fu più percepita come pacifica e naturale, ma come violenta e impersonale. Lo shock psicologico fu tale da lasciare il segno ancora oggi. La paura di una nuova pandemia persiste e la peste rimane una minaccia molto plausibile.

PER ANDARE OLTRE

FONTI BIBLIOGRAFICHE

BALARD (Michel), "Les semeurs de peste", in *L'Histoire*, n° 262, febbraio 2002, p. 18.

BARRY (Stéphane) e GUALDE (Norbert), "La Peste noire", in *L'Histoire*, n° 310, giugno 2006, pagg. 38-49.

BARTHÉLEMY (Dominique), *La féodalité. De Charlemagne à la guerre de Cent Ans*, Paris, La documentation française, 2013.

BERCÉ (Yves-Marie), "Rumeurs et épidémies: les semeurs de peste", in *L'Histoire*, n° 218, febbraio 1998, p. 78-83.

BOCCACCIO, *Il Decamerone*, Parigi, Livre de Poche, 1974.

CONTAMINE (Philippe), BOMPAIRE (Marc), LEBECQ (Stéphane) e SARRAZIN (Jean-Luc), *L'économie médiévale*, Paris, Armand Colin, 2003.

GAUVARD (Claude), LIBERA (Alain de) e ZINK (Michel), *Dictionnaire du Moyen Âge*, Paris, PUF, 2002.

LE ROY LADURIE (Emmanuel), *Histoire des paysans français de la Peste noire à la Révolution*, Paris, Seuil, 2002.

NAPHY (William) e SPICER (Andrew), *La morte nera. 1345-1730*, Parigi, Autrement, 2005.

VERDON (Jean), *Le Moyen Âge. Ombres et lumières*, Paris, Perrin, 2005.

FONTI AGGIUNTIVE

BIRABEN (Jean-Noël), *Les hommes et la peste en France et dans les pays méditerranéens*, Paris, Mouton, 1975-1976.

Biraben (Jean-Noël) e Le Goff (Jacques), "La Peste dans le Haut Moyen Âge", *in Annales. Économies, Sociétés, Civilisations*, vol. 24, n° 6, 1969, pagg. 1484-1510. http://www.persee.fr/web/revues/home/prescript/article/ahess_0395-2649_1969_num_24_6_422183

Bove (Boris), *Le temps de la guerre de Cent Ans. 1328-1453*, Paris, Belin, 2009.

Cohn (Samuel), "Piété et commande d'œuvres d'art après la Peste noire", in *Annales. Histoire, Sciences Sociales*, vol. 51, n° 3, 1996, p. 551-573. http://www.persee.fr/web/revues/home/prescript/article/ahess_0395-2649_1996_num_51_3_410868

Sabot (Thierry), *Nos ancêtres au temps de la peste*, Parigi, Thisa, 2013.

FONTE ICONOGRAFICA

Mappa della storia della peste nera nel mondo. La foto riprodotta è ritenuta priva di copyright.

DOCUMENTARIO

La peste nera, documentario di Peter Nicholson, Gran Bretagna, 2004.

Vogliamo sapere da voi!
Lasciate un commento sulla vostra biblioteca online
e condividete i vostri libri preferiti sui social media!

IMPROVE YOUR GENERAL KNOWLEDGE

IN THE BLINK OF AN EYE!

www.50minutes.com

L'editore garantisce l'affidabilità delle informazioni pubblicate,
che non possono tuttavia impegnare la sua responsabilità.

Master ISBN: 9782808608374
ISBN cartaceo: 9782808609586
Deposito legale: D/2023/12603/143

Design digitale: Primento,
il partner digitale degli editori.